TREGE DESSER PER NOUVE

TREIZE DESSERTS POUR NOEL

TEXTE D'HENRI CHARMASSON
ILLUSTRATIONS DE CHRISTINE LE BOEUF
EDITION D'ALAIN BARTHÉLEMY, AVIGNON

CLB 78

— "Holà, mon petit, assure-toi que le blé et les lentilles de Sainte-Barbe ont assez bu. Ils viennent de germer dans leur soucoupe et ne doivent pas manquer d'eau. D'ici quinze jours ils lèveront et pour Noël leur verdure marquera joliment la crèche de son gracieux présage."

— "Hòu ! Pichounet ! Aviso-te que lou blad e li lentiho de Santo Barbo an proun begu. Vènon de greia dins si sietoun e ié fau teni d'aigo. D'eici quinge jour van s'espandi, em'acò pèr Nouvè sa verduro marcara poulidamen la crècho de soun signe agradiéu".

Le petit allait sur ses huit ans. Orphelin, il avait été enfermé pendant plus de cinq ans dans un pensionnat, lorsque sa grand-tante Zoé, veuve depuis trois mois, fit une demande afin de pouvoir garder et élever ce mignon qui était somme toute son unique et plus proche parent.

— "Maman Zoé, tu m'excuseras mais il n'y a même pas une demi-heure que tu m'as recommandé la même chose. Regarde, je les abreuve tellement que je crains de les noyer."

— "Non, non, mon joli, que non ! Il est vrai que je m'inquiète pour un rien, comme on dit, mais je te le répète, cette verdure est un présage qui évoque dès à présent, en plein hiver, les champs et les moissons de l'été à venir. Il faut savoir aussi que plus le blé et les lentilles seront beaux pour Noël, plus la maisonnée sera prospère."

— "Mon Dieu, Maman Zoé, quel beau présage ! A la pension on ne m'a jamais rien dit d'aussi joli. Je me souviens que le 24 décembre, le souper était un rien meilleur, puis prière dite, nous allions nous coucher. Pourtant le lendemain matin — oh merveille — on nous donnait à chacun une orange. Cela nous réjouissait tellement que moi je palpais ce

Lou "Pichounet" anavo sus si vuech an. Ourfelin, fuguè embarra mai de cinq an dins un pensiounat quouro sa grand tanto Zouè, véuso desempièi tres mes, lou demandè, fin de garda e d'abari aquéu mignot, qu'èro jamai que soun unique e proche parènt.

— "Mama Zouè ! M'escusaras, mai, i'a pas miech-oureto que m'as recoumanda la memo causo. Ve ! que te digue ! lis abéure talamen qu'ai crento de li nega."

— "Noun, noun, bèu drouloun, que noun ! Es verai que me fau vièio de tout, coume se dis, mai te lou tourne-dire, aquelo verduro es un signe que retipo tre aro, en plen ivèr, li champ e li meissoun granado de l'estiéu que vai veni. Es bon de saupre qu'au mai lou blad e li lentiho s'embeliran pèr Nouvè au mai l'oustalado fara fru."

— "Boudiéu ! Mama Zouè ! Qu'acò's un bèu signe. A la pensioun m'an jamai rèn di de tant poulit. M'ensouvène que lou 24 de desèmbre lou soupa èro un brisoun meiour, pièi, preguiero dicho s'anavian coucha. Pamens, l'endeman matin — o meraviho — nous dounavon en chascun, un arange. Acò fasié gau, talamen gau, que iéu, chaspave *fruit rond et rouge, comme si je tenais dans les mains le Saint-Sacrement.''*

— ''Comment, comment ? Pas plus d'une orange ?''

— ''Pas plus, Maman Zoé.''

— ''Pauvre de nous ! Il faut reconnaître que dans ces pensions charitables jamais on n'entend tinter les beaux écus. A coup sûr, tes braves maîtres n'ont pu te parler des treize desserts de Noël...''

— ''Des... des trei... trei... treize desserts ? Maman, allons, ce n'est pas possible ! Tu as bien dit treize desserts ?''

— ''Eh oui, mon petit homme, je ne plaisante pas. Treize gourmandises que nous savourerons bientôt, à nous en lécher les doigts, avant la messe de minuit.''

— ''Treize desserts pour Noël... Tout de même, Maman, c'est là vivre bien richement !''

— ''Noël est une grande fête, mon petit Riquet...''

Sans quitter sa chaise, la brave femme se servit du soufflet pour attiser le

aquéu fru redoun e rous,coume s'aviéu dins li man lou Sant Soulèu...''

— ''Coume ? Coume ? Pas mai qu'un arange, Riquetoun ?''

— ''Pas mai, mama Zouè !''

— ''Pàuri nautre ! Fau recounèisse que dins aquéli pensioun pietadouso an jamai ausi lou tin-tin di bèus escut. Segur que ti bràvi mèstre pousquèron pas te parla di trege dessèr de Nouvè.''

— ''Di... di tre... tre... trege dessèr ? Mama ! Anen ! Es pas poussible ? As bèn di trege dessèr ?''

— ''E vo ! Moun petouset ! Galeje pas. Trege groumandige que tastaren bèn-lèu, à lipo-det, avans la messo de miejo-niue.''

— ''Trege dessèr pèr Nouvè... Pamens, Mama, acò's viéure dins lou grand.''

— ''Nouvè es uno grando fèsto, Riquètoun...''

Sènso s'auboura de sa cadiero, la bravo femo boufetejè pèr empura lou fiò

PERO
POIRES

POUMO
POMMES

feu dans la cheminée. Le garçonnet vint s'asseoir par terre et appuya sa tête contre elle. Zoé savourait un bonheur sans pareil. Cet enfant était un amour. De sa main ridée elle le caressait et lui tapotait la joue. Lui, releva soudain le visage et la regarda avec des yeux brillants comme les étoiles qui "cloutent" le ciel clair d'une nuit de froidure.

— "Eh oui, mon mignon, treize desserts. Un merveilleux symbole qui nous apprend que le Sauveur et ses douze apôtres sont à table avec nous et qu'il faut être gourmand quand on attend une naissance, une vie nouvelle qui contient l'espoir du monde entier."

— "Ainsi donc, Maman, si j'ai bien compris, juste avant d'entendre la messe de minuit, tous les habitants du monde dégustent leurs treize desserts ?"

— "Holà, tout doux, mon brave ! Doucement, mon beau ! Jamais je ne t'affirmerais une chose pareille qui ne serait sans doute qu'un conte à dormir debout. Je sais que cela se fait en Provence et, m'a-t-on dit, en quelques endroits du Midi. De plus, la série des desserts n'est pas la même, elle varie selon que tu te trouves du côté de Marseille, d'Arles, de Brignoles, d'Avignon ou de Manosque...

dins la chaminèio. Lou drouloun venguè s'asseta pèr sòu, e pausè mouletamen sa tèsto contro elo. Zouè se chalavo d'un bonur que n'i'avié pas soun parié. Aquel enfantoun èro un amour. De sa man frounsido lou calinejè en ié tapoutejant uno gauto. Eu, revessè subran soun visage e la regardè'mé d'iue tout belugue-jant coume lis estello que clavellon lou céu-sin d'uno niue de frejoulino.

— "E vo ! Tintourlet ! Trege dessèr. Un simbole de requisto que nous dis que lou Sauvadou e si douge apoustòli soun à taulo emé nautre e que se devèn de friandeja en esperant uno neissènço, uno vido nouvello que recato l'espèr dóu mounde entié."

— "Aladounc Mama ! S'ai bèn coumprés, just avans de se messa pèr Nouvè, tóuti li gènt dóu mounde entié groumandounejon si trege dessèr ?"

— "Hola hòu ! Bravounet ! D'aise moun bèu ! Jamai te pode afourti causo pariero que sarie, belèu, qu'un conte de ma Grand-la-Borgno. Sabe qu'acò se fai dins Pouvènço e, m'es esta di, dins quàuquis endré dóu Miejour. Demai, la tiero di dessèr es pas la memo segound que t'atrobes dóu coustat de Marsiho, d'Arle, de Brignolo, d'Avi-gnoun vo de Manosco..."

PASSARIHO
RAISINS SECS

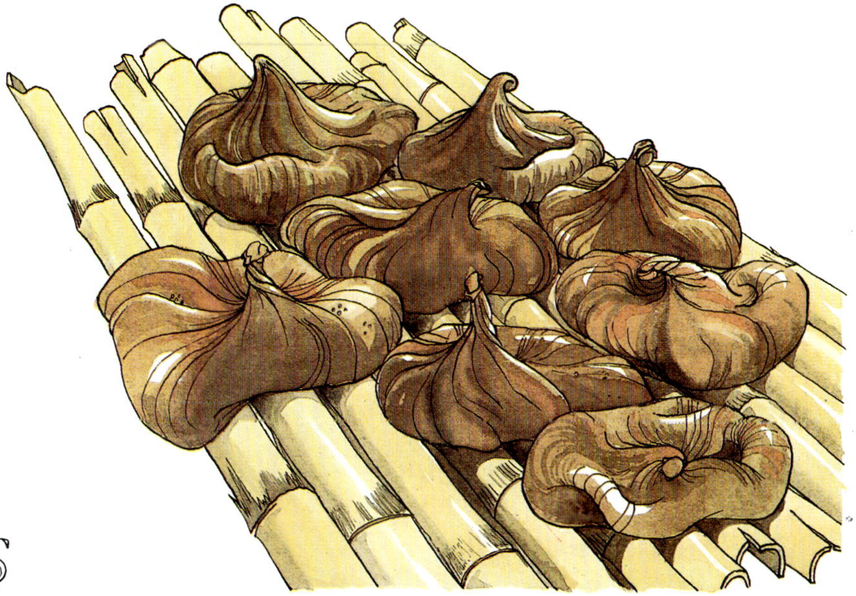

FIGO SECO
FIGUES SECHES

"Que je te dise... du temps que j'étais encore une fillette très vive et très gaie — il y a de celà bien longtemps — il y avait comme desserts... il y avait les... il y avait la... Baste, je vais te les prendre un à un, comme ils me viendront, comme je me les rappelle...

"D'abord le raisin sec qui est une variété de raisin blanc, comme la clairette et surtout le servant. Nous suspendions les belles grappes dans la soupente jusqu'au moment où, desséchées, elles nous donnaient pour Noël leurs grains ridés mais tellement sucrés.

"Puis, les figues sèches : chez mes parents nous avions les blanquettes ou "queues d'or". Nous les choisissions et les cueillions sur le point de choir, au plus fort du soleil. Les disposant sur des cannisses pendant cinq jours, nous les retournions de temps à autre pour qu'elles sèchent régulièrement.

— "Ah ! mon dieu, j'allais oublier les amandes. Là, il y a tant de variétés qu'il n'est pas nécessaire d'en faire un monde. Nous gardions les amandes dans leurs coques. Et alors... zou ! cric-crac... cric-crac... chacun de les casser. Le lendemain, par poignées nous jetions les brisures dans les champs d'alentour : un signe de plus, si tu veux, une sorte de promesse, afin d'obtenir de meilleures récoltes...

"Que te digue ! Dins lou tèms qu'ère encaro uno chatouno belugueto-acò fai uno bello vòuto — i'avié coume dessèr... I'avié li... I'avié la... Basto ! Te li vau coumta un à cha un, coume me vendran, coume lis encaparai...

"D'abord la passariho, o panso, qu'es de merço de rasin blanc coume la clareto e subretout lou servant. Pendoulavian si bèlli grapo dins lou tourno-vènt fin que sa sequesoun nous adugue pèr Nouvè sis age rafi e tambèn sucra que noun sai.

"Pièi li figo seco : encò de mi gènt avian li "blanqueto vo pecou d'or". N'en fasian la chausido e li culissian quàsi pecouleto à la ràbi dóu soulèu. Espandido sus de canisso durant cinq jour, li viravian tèms en tèms fin que se sequèsson regulieramen.

"Ah ! moun diéu ! D'un pau mai óublidave lis amelo. Aqui ni'a proun de varieta qu'es pas de besoun que te n'en fague un espetacle. Nautre gardavian lis amelo dins soun cruvèu. Em'acò, zóu ! cri-cra, cri-cra, e vague de li roumpre ! L'endeman mandavian, pèr pougnado, lou brisadis di cruvèu dins li champ d'alentour : un signe de mai, se vos, coume uno proumesso, fin d'agué de recordo meiouro...

"Je n'aurai garde d'oublier les noisettes et les noix . Ah, mon petit, si tu savais comme nous picorions les noisettes torréfiées et comme nous nous régalions des noix quand on en faisait du pâté d'ermite, lequel n'est rien d'autre qu'une figue fourrée d'un cerneau.

"Eh bien, bravo ! Comme disait mon Grand-Père qui était montagnard, bravo petit ! Je me rends compte que je t'ai parlé sans emmêler les choses : fruits secs, amandes, noisettes ou noix, ne peuvent être séparés. On les appelle "mendiants" car leur couleur rappelle, à peu de chose près, la couleur de robe des "Ordres Mendiants" : Augustins, Carmes, Dominicains et Franciscains."

— "Maman, tu penseras sans doute que je suis trop curieux mais, à grignoter ainsi comme des souris, n'aviez-vous pas la pépie ?"

— "Oh que si ! Nous, les petits, nous nous rafraîchissions le gosier avec de l'eau mélangée à du sirop d'orgeat pendant que les grands savouraient, de temps à autre, un petit coup de vin cuit. Bravo, il est clair que tu es un dégourdi, mon enfant ! Allons ! Il serait bon pourtant d'avancer, si nous voulons arriver au bout de notre histoire. Voyons... Qu'est-ce qui

"Oublidarai pas tambèn lis avelano nimai li nose. Oh ! Pichounet ! Es pas de crèire, coume bequetavian lis avelano tóurrado e coume se coungoustavian di nose quand n'en fasian de "pastis d'ermitan", qu'acò n'es jamai qu'uno figo seco estremant un nougaioun...

"E ! Osco ! Coume disié moun grand qu'èro un gavot. Osco ! Pichoun ! M'avise que vène de te parla sènso entremescla li causo : aquéli fru seca, aquéli meseioun se podon pas desseпara. Ié dison pachichoi o mendicant amor que si coulour retipon, pau o proun, li coulour de la raubo di "couvènt mendicant" : lis Agustin, li Carme, li Doumenican e li Francescan."

— "Mama ! Segur que te vas pensa que siéu trop curious mai, de mangiha ansin, à la modo di fureto, avias-ti pas la pepido ?"

— "Oh que si ! Nautre, la pichoutaio, se refrescavian lou gargaioulet emé d'aigo mesclado de sirop d'ourdiat mentre que li parènt chourlavon, d'aqui en aqui, un chiquet de vin cue. Brave ! Se devino que siés escarrabiha mignot ! Anen ! Sarié pamens mestié de faire avans se voulèn se teni bon sus nosto istourieto. Veguen ? Après li "mendi-

CLB 78

venait après les mendiants ? Eh bien, il y avait encore une série de fruits.

"Les poires dont je ne connais pas aujourd'hui les variétés ; mais, je crois ne pas me tromper, mon père les appelait alors "Bon Chrétien d'hiver". Un nom qui s'accordait parfaitement avec cette fête.

"Les pommes dont le nom m'échappe bien que les paysans de chez nous, en nous les montrant sur certains pommiers, disaient : "Ces pommes se conservent".

"Et puis les prunes. Celles-là, vois-tu, je les connaissais sur le bout du doigt. Tu m'excuseras si je rallonge un peu, mais ces fruits ont leur histoire, une histoire si jolie ! Brignoles ou Pistoles étaient leur nom. Brignoles était à coup sûr le pays où il y en avait le plus. Mais Pistoles ? Eh, eh, mon petit coquin, d'où pouvaient-elles tenir un nom aussi étrange que celui-là ?"

— "Je donne ma langue au chat, Maman."

— "Eh bien, voici. Ces prunes jaunes comme l'or le plus pur étaient cueillies bien mûres, pelées, puis piquées sur des branches épineuses. A chaque

cant" i'avié ? E bèn ! I'avié encaro uno tiero de fru.

"Li pero que vuei, sabe pas de qunto merço soun, mai, crese pas de m'engana, moun paire ié disié alor : li pero bon-crestian d'ivèr. Un noum que s'endevenié tras-que bèn em'aquelo fèsto.

"Li poumo que soun noum m'es capo emai li païsan de noste endré nous faguèsson, en li moustrant sus d'ùni poumié : "Aquéli poumo soun servanto".

"E pièi li pruno. Aquéli, ve ! Li counèisse coume moun sant pater. M'escusaras se fau un brisoun d'alòngui, mai aquéli fru an soun istòri, uno istòri poulideto. "Brignolo vo Pistolo" que s'apelavon. Brignolo èro, segur, lou païs mounte n'i'avié forço ? Pamens ? Pistolo ? Ah ! Ah ! Moun couquinet ! De mounte poudié veni un noum estrange coume aquéu d'aqui ?"

— "Doune sausso, Mama !"

— "Vejeici : aquéli pruno jauno coume d'or sequin, èron culido bèn maduro, pelado, pièi picado sus de branco espinouso : à cado espino, sa *épine sa prune. Elles passaient ainsi deux jours en plein soleil et comme après elles se manipulaient plus facilement, on extirpait le noyau en le chassant du côté de la queue. Ensuite, on les faisait sécher sur des claies. Dès qu'elles étaient à point, on les aplatissait entre le pouce et l'index pour les ranger dans des caissettes. Et alors, mon beau petit, quand on ouvrait une caissette, que voyait-on ? Des prunes merveilleuses dont la couleur et la forme ronde évoquaient des pièces d'or. De là vient leur nom de Pistoles, ce qui est une monnaie espagnole d'autrefois."*

— "Maman, j'en ai l'eau à la bouche !"

— "Evidemment, mon Riquet. Je ne voudrais pas te faire envie tant et plus mais j'ai encore à te raconter bien des choses.

"D'abord les confitures que les bonnes ménagères préparent encore dans de grands chaudrons de cuivre rouge. Ici, tu le verras bientôt, nous en aurons comme il nous faut. On s'est toujours tenu à la confiture de coings étant donné que les haies, à la limite de nos champs, n'ont jamais été que des haies de cognassiers.

pruno. Passavon ansin dous jour en plen grasihas e coume après se manejavon plus facilamen, s'esterpavo lou meseioun en lou butant dóu coustat dóu pecou, pièi se fasien seca sus de cledo. A la bono de la sequesoun, lis aplatissien entre lou gros det e lou det dóu signe fin de li rejougne dins de queisseto. E alor, moun bèu pichot ? Quand se durbìssié uno queisseto, de que vesian ? De pruno meravihouso, que sa coulour e soun biais de roudeleto dounavon d'èr à n'uno pèço d'or. D'aqui soun noum de "Pistolo" qu'es uno mounedo espagnolo d'à passatèms."

— "Bono Mama ! Acò fai enveieto que noun-sai !"

— "Osco seguro, Riquetoun ! Voudriéu pas te faire lingueto tant e pièi mai, pamens ai encaro de te counta proun de causo.

"D'abord li counfituro que li meinagiero de qualita alestisson encaro em'afiscacioun dins de grand peiròu de couire rouge. Eici, lou veiras bèn lèu, n'auren noste aise. Se n'en sian toujour tengu à la counfituro de coudoun bord que li sebisso, en raro de nòsti champ, soun jamai estado que de coudouniero.

AVELANO

NOISETTES

NOSE

NOIX

AMELO

AMANDES

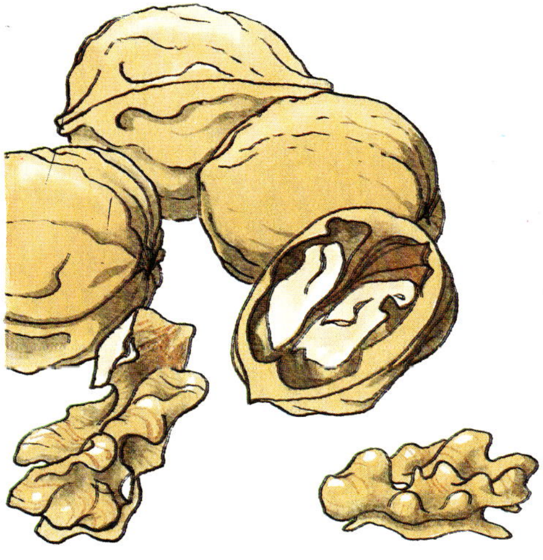

“Nous aurons aussi la confiture de “merveilles” qui est une espèce de pastèque dont la chair blanche coupée en tranches fines devient translucide au fur et à mesure qu’elle se confit. Apprêtée avec quelques zestes de citron, il y a là de quoi se pourlécher à souhait.

“Le boulanger nous préparera une grosse galette, ronde et plate, une fougasse plutôt, cuite à l’huile. Fendue par le milieu, elle ressemble à une croix ou à une roue à quatre rayons. On l’appelle la pompe. Pour la manger, morceau par morceau, il faut la rompre avec les mains, ne jamais la couper, la trancher avec un couteau, au grand jamais, car nous risquerions de nous trouver ruinés dans l’année qui vient.

“Bon, il me semble ainsi avoir mené à bonne fin ce que j’avais à te dire, étant donné que j’ai gardé pour la conclusion quelque chose — c’est mon avis — qui est le meilleur : le nougat. Il serait préférable de parler des nougats car il y a le nougat blanc et le nougat noir.

“Moi, je raffole du nougat noir qui est une friandise des plus naturelles. Il s’agit d’un mélange d’amandes non mondées, cuites avec du miel. Le miel est une douceur tout imprégnée du suc parfumé des fleurs que les mouches d’or — les

“Auren demai, la counfituro de meraviho qu’es uno meno de gegerino, que sa car blanco, chaplado en lesco fino, vèn trelusènto à flour e mesuro que se counfis. Adoubado’mé quàuqui zèsto de limo n’i’a pèr s’esperlinga coume jamai.

“Lou boulengié nous fara uno grosso galeto redouno e plato, uno fougasso pulèu, cuecho à l’òli... Fendudo dins soun mitan retrais à n’uno crous vo uno rodo à quatre raioun. Ié dison la poumpo. Pèr la mastega, à cha moussèu, la fau roumpre de si man, jamai la coupa vo trenca em’un coutèu, au grand jamai, qu’acò nous farié davala dóu cade tre l’an que vèn.

“Bon ! Em’acò me sèmblo qu’ai aganta dins lou bon fiéu ço qu’aviéu de te fisa, estènt qu’ai garda pèr la fin quaucarèn — n’en siéu d’avis — qu’es dóu pessu : lou nougat. Sarié de-bon de parla puléu di nougat, bord que i’a lou nougat blanc e lou nougat negre.

“Iéu me regale dóu nougat negre qu’es un groumandige di mai naturau. Acò’s uno mescladisso d’amelo noun moundado e de mèu. Lou mèu es uno douçour touto pastado de la redoulènci dóu su di milanto flour que li mousco

PRUNO
PRUNES

abeilles — infatigables, vont butiner pour nous. Sache que le nougat est un mets rituel pour Noël en Provence. D'abord, ses barres longues d'un empan sont toujours enveloppées dans des hosties ; et d'autre part, quand les cloches sonnent ou carillonnent à la volée dans les campaniles, les gens disent : "C'est la cloche du nougat !"

d'or, lis abiho sèmpre atravalido nous van culi. Saupras que lou nougat es uno manjo sacramentalo de la fèsto de Nouvè, en Prouvènço. D'abord, si barro, longo d'un pan, soun toujour en d'oustìo plegado, en mai d'acò, quand dins li clouchié li campano trignoulejon vo se viron à brand pèr anouncia que lou moumen soulenne es arriba, li gènt dison : "Acò's la campano dóu nougat".

"Voilà, mon Riquet, ce qu'a retenu ma pauvre tête. Enfin,... au jour d'aujourd'hui il y a encore plus de choses : les oranges, les mandarines, les dattes, les melons verts, les gaufres, les croquets aux amandes, les oreillettes, les petits pains anisés, les fougasses à l'anis, les papillotes, les calissons d'Aix, les... que sais-je encore ?

"Vaqui moun Riquetoun, ço que dins ma pauro tèsto ai pouscu reteni. Basto ! A l'ouro d'aro, i'a enca mai de causo : lis arange, li mandarino, li meloun verdau, li nèulo, li cacho-dènt, lis auriheto, li dàti, li còco à l'anis, li gibassié, li papihoto, li calissoun de z-Ais, li... e que sabe iéu ?

"De mon temps, nous recueillions simplement ce que la nature nous offrait. Aujourd'hui, nous sommes un peu plus riches et chacun fait comme il l'entend. De toute façon, mon beau petit, pour Noël en Provence, les desserts sont toujours treize à table pour un miracle."

"De moun tèms, recampavian simplamen tout ço que la Naturo nous pourgissié. Vuei, sian un pau mai drud e cadun fai emé si quatre sòu. De tout biais, moun bèu pichot, pèr Nouvè, dins Prouvènço, li dessèr soun toujour trege à taulo pèr un miracle."

Le jour déclinait. Abandonné contre sa grand-tante, Riquet ne bougeait pas, ne soufflait mot. Les yeux perdus dans les reflets rouges de la braise du foyer, il pensait que, pour ses huit ans, il

Lou jour falissié. Toucant sa grand tanto, Riquetoun ni boulegavo ni quincavo. Lis iue perdu dins li róugi rebat de la braso dóu fougau, se pensavo que pèr si vuech an, lou miracle l'embugavo *était habité par le miracle. Il avait enfin une mère, une brave femme qui l'aimait. Et elle venait de lui faire tranquillement comprendre que l'amour submerge tout.*

Et les desserts, avec leurs couleurs blanches ou d'or, avec la saveur naturelle des fruits, des confitures et du nougat, les desserts, en fin de compte, n'étaient qu'une manière de conserver en plein hiver, au beau milieu de la nuit la plus sombre, le soleil. Un symbole prédestiné pour une naissance divine. L'espoir qui hante le monde. La lumière qui gagne sur les ténèbres.

d'en-plen. Avié enfin uno maire, uno bravo femo que l'amavo. Elo, venié, tout-bèu-just, de ié faire assaupre tranquilamen que l'amour subroundavo touto causo.

E li dessèr, emé si coulour blanquinello vo d'or sequin, emé sa sabour naturalo de la frucho,di counfituro e dóu nougat, li dessèr fin-finalo, èron rèn qu'un biais de serva enjusqu'en plen ivèr, au bèu mitan de la niue la mai sourno, lou soulèu. Un simbole astra pèr uno neissènço divino. L'espèr que trèvo lou mounde. La lumiero que gagno sus li tenèbro.

COUNFITURO
CONFITURES

NOUGAT
NOUGATS

POUMPO
POMPE

Achevé d'imprimer
sur les presses de l'imprimerie
d'A. Barthélemy, Avignon
en Septembre 1980